¿A dónde van?

Matilde Miles
ilustrado por Yayo Diego Herrera

¿A dónde van?

A las nubes. ¡Vamos en esta gorra muy grande!

¿A dónde van?

Al sol. ¡Vamos en esta pequeña cometa!

¿A dónde van?

A la luna. ¡Vamos en esta bella mariposa!

Yo voy al sol. Yo voy a la luna. ¡Voy a volar!